Bei den Kindern, Eltern und Erzieherinnen der Kindergärten
und Kindertagesstätten unseres Praxisrates, die uns bei
der Erarbeitung dieser Geschichtensammlung beratend zur Seite
standen, möchten wir uns an dieser Stelle herzlich bedanken.

Bibliografische Information der Deutschen Nationalbibliothek
Die Deutsche Nationalbibliothek verzeichnet diese Publikation
in der Deutschen Nationalbibliografie;
detaillierte bibliografische Daten sind im Internet
über http://dnb.ddb.de abrufbar.

Das Wort **Duden** ist für den Verlag
Bibliographisches Institut GmbH als Marke geschützt.

Bibliographisches Institut GmbH
Dudenstraße 6, 68167 Mannheim   D C B A
Redaktionelle Leitung: Katja Schüler
Lektorat: Anke Thiemann
Fachberatung und Fragekästen: Sabine Schreiber, Logopädin
Herstellerische Leitung: Claudia Rönsch, Cornelia Huber
Illustration Detektive: Barbara Scholz
Layout und Satz: Michelle Vollmer, Mainz
Umschlaggestaltung: Mischa Acker
Druck und Bindung: Egedsa S.A., Sabadell, Spanien
ISBN 978-3-411-71074-4

# Mutgeschichten zum Vorlesen

## ab 4 Jahren

Beate Dölling und Didier Laget, Meike Haas, Salah Naoura und Henriette Wich

mit Bildern von Anna Marshall, Stefanie Scharnberg, Dunja Schnabel und Barbara Scholz

Dudenverlag
Mannheim · Zürich

# Zuhören macht schlau …

… und es macht einfach Spaß. Es regt die Fantasie an, fördert die Konzentration und erweitert den Wortschatz. Deshalb ist Vorlesen so wichtig. Nichts ist schöner, als beim Geschichtenerzählen Aufmerksamkeit zu erfahren, Fragen stellen und von Selbsterlebtem erzählen zu können.

Ein Vorlesebuch der Marke Duden bietet aber noch mehr als altersgerechte Texte und anregende Illustrationen. Auf Seite 56 haben wir einige praktische Vorlesetipps für Sie zusammengestellt. Außerdem finden Sie auf den folgenden Seiten viele weitere, das aktive Zuhören und Vorlesen unterstützende Extras:

■ **Farbige wörtliche Rede** erleichtert es, die Geschichte lebendiger, zum Beispiel mit verstellter Stimme oder verteilten Rollen, vorzulesen.

 „T…tu mir nichts!", stammelte Cosimo. „Ich wollte dich nicht stören."

 „Du störst nicht", sagte der Drache.

■ **Inhaltsverzeichnis für Kinder:**
So kann Ihr Kind selbst bestimmen, welche Geschichte es als nächstes hören will.

 **Neue Streifen für Zilly Zebra** 6

■ **Anregende Fragen:** Die in den Text eingeklinkten blauen Kästen enthalten konkrete Fragen zur Geschichte, trainieren Textverständnis und Konzentration. Weiterführende Fragen regen zum Erzählen, Beschreiben und Weitererzählen an. Diese Kästen verstehen sich als offenes Angebot. Wie und ob Sie diese Fragen einbinden, bleibt Ihnen überlassen.

Vielleicht lesen Sie die Geschichte zunächst einmal komplett vor und bauen die Fragen erst beim nächsten Lesen ein. Oder Sie lassen sich von den Vorschlägen zu anderen Fragen inspirieren, die auf die Situation Ihres Kindes noch besser zutreffen.

> Hast du schon mal Angst vor einem Tier gehabt?

■ Die ganze Geschichte in einem Bild: Bei manchen Geschichten folgt im Anschluss an den Text eine Seite, auf der die komplette Handlung noch einmal in einem einzigen Bild zusammengefasst wird. So kann das Kind die Geschichte nacherzählen bzw. selbst noch einmal „vorlesen".

## … und Zuhören macht mutig!

Das Thema dieses Buches ist „Mut" – Mut in seinen unterschiedlichsten Aspekten und Erscheinungsformen. Denn Kinder müssen bereits sehr früh lernen, mit Ängsten umzugehen, sich zu wehren, für sich und für andere einzustehen und mutig die Welt zu entdecken. Es sind Geschichten, die dabei helfen, über (eigene) Ängste zu lachen, Geschichten, die an Situationen erinnern, die man bereits stolz gemeistert hat oder die man noch mal mit „frischem Mut" angehen will, Geschichten von mutigen Vorbildern, die sich nicht unterkriegen lassen.
Mit Sicherheit haben diese Geschichten viele Berührungspunkte mit dem eigenen Erleben Ihres Kindes und bieten so Gesprächsanlässe, möglicherweise auch für einen alternativen Umgang mit ähnlichen Situationen in der Zukunft.

Viel Spaß beim Vorlesen und Zuhören!
Die Kinder- und Jugendbuchredaktion des Dudenverlags

Diese Geschichten kannst du dir vorlesen lassen:

# Inhaltsverzeichnis

Inhalt   5

# Neue Streifen für Zilly Zebra

Der erste Sonnenstrahl fällt ins Zebrahaus im Zoo und kitzelt
Zilly an den Nüstern. Das Zebramädchen gähnt. Es streckt
seine Vorderbeine und blinzelt. Langsam lässt es die Ohren
kreisen und richtet sich auf. Dann dreht es den Kopf nach
hinten, um sich wie jeden Morgen das Fell sauber zu lecken.
Aber was ist denn das?

Die Streifen sind verschwunden! Zillys rechte Pobacke ist
ganz schwarz! Sie schwenkt ihren Kopf zur anderen Seite.
Rabenschwarz. Oder pantherschwarz, vielleicht auch mist-
käferschwarz. Jedenfalls nicht zebra-gestreift!

Zilly schaut nach unten. Die Vorderbeine sind schwarz.
Und die Hinterbeine auch – wie überhaupt alles, was Zilly
von sich selbst sehen kann.

Und das heute, wo doch der Kindergarten einen Ausflug
in den Zoo machen will. Die Kinder werden enttäuscht sein!

Und Herr Müllerberg, der Zoodirektor,
wird schimpfen!

Zilly beginnt zu zittern. Dann sieht
sie sich im Stall um.

Noch hat keiner was gemerkt. Schnell
vergräbt sie sich im Stroh und hofft,
dass niemand sie entdecken wird.

Was muss Zilly entdecken, als sie aufwacht?
Warum versteckt Zilly sich im Stroh?

Aber von wegen! Wie jeden Morgen kommt Zillys Freund
Piksi Stachelschwein aus dem Nachbargehege fröhlich
herübergerannt: „Zilly! Guten Morgen!"
Zilly duckt sich in ihrem Versteck.
„Zilly – wo bist du?" Piksi kommt näher.
Mit seiner Schnauze wühlt er im Stroh. Es dauert nicht
lange, und er hat das panther-raben-mistkäfer-schwarze
Zebra entdeckt.
„Hoppla, was ist denn mit dir passiert?"
„Ich habe meine Streifen verloren", jammert Zilly. „Ich weiß
auch nicht, wie! Am besten bleibe ich für immer in meinem
Versteck!"

7

„Ach wo", meint Piksi. „Hier gibt es genug Streifen. Da finden
wir ganz schnell neue für dich."
„Das glaube ich nie!"
„Das glaube ich schon!"

Zilly ist ganz verzweifelt. Wer macht ihr wieder Mut?
Wo könnten Zillys Streifen wohl hingekommen sein?

Vorsichtig streckt Zilly den Kopf aus dem Stroh. Vielleicht hat
Piksi ja recht. Sie schöpft ein wenig Hoffnung, richtet sich
auf und tappt zögernd neben ihrem Freund aus dem Stall
heraus. Da sieht sie den Eisstand. Tom, der Verkäufer, stellt
gerade das Schild auf und lässt dann die Markise herunter.
Sie ist rot-weiß gestreift.

„Da sind ja schon welche!", denkt Zilly und fragt schüch-
tern: „Darf ich einen weißen Streifen von der Markise
haben?"

„Wieso? Wozu brauchst du den denn?", fragt Tom.
Nachdem Zilly ihm alles erklärt hat, will er
gerne helfen. Er greift nach dem untersten
Streifen und legt ihn über ihren Rücken.
„Vielen Dank!", sagt Zilly und fühlt sich
schon ein bisschen besser.

Da entdeckt Piksi noch mehr weiße Streifen. Auf der großen Tafel mit dem Zooplan sind sie als Wege eingezeichnet.
Er schnappt den Seitenweg zum Affenhaus und wirft ihn Zilly übers Fell.
Jetzt kommt ihnen Tierpfleger Rudi entgegen. Auf dem Kopf trägt er eine blau-weiß geringelte Mütze. Natürlich gibt er Zilly einen Streifen ab! Tiger Hector spendet einen gelben Streifen, den Zilly zuerst ablehnt. Aber Piksi findet, dass Gelb ihr gut steht und auch für Zebras schick ist. Die weiße Zierleiste der Zoo-Bimmelbahn hat zwar ein Schleifenmuster, dafür ist sie superlang und passt gleich viermal um Zillys Bauch. Dicky Dachs schenkt ihr einen weißen Streifen fürs Gesicht und zu guter Letzt gibt Piksi selbst einen Streifen von einem seiner Stacheln ab. Der passt zwar nicht mal ganz um Zillys Knöchel, aber hübsch ist er trotzdem.

Als die beiden den ganzen Zoo durchquert haben, ist Zilly wieder gestreift. Nicht genauso wir früher – aber mindestens genauso schön!

Da kommt Herr Müllerberg auf Zilly zugeeilt: „Hallo, hallo! Ich wollte dich vorhin nicht wecken. Aber heute kommen doch die Kinder aus dem Kindergarten. Deshalb habe ich deine Streifen ausgeborgt und als Zebrastreifen auf die große Straße vor dem Haupteingang gelegt! Morgen kriegst du die Streifen zurück!"

„Nicht nötig!", ruft Zilly fröhlich. „Der Zebrastreifen soll liegen bleiben – für alle Kinder, die in den Zoo kommen wollen!"

Da erst sieht der Zoodirektor, dass das Zebra neue Streifen hat. „Das hast du prima gemacht!", lobt Herr Müllerberg. „Du bist das Zebra mit den schönsten Streifen der Welt!"

Weißt du, warum der Zebrastreifen Zebrastreifen heißt?
Wo gibt es bei dir in der Nähe einen Zebrastreifen?
Wo hättest du noch weitere Streifen für Zilly gefunden?

# Lydia will Fahrrad fahren

„Mama, üben wir heute wieder Fahrrad fahren?" Lydia steht am Fenster und schaut hinaus. „Es ist schönes Wetter!"
„Aber gleich kommt Oma", sagt Mama.
„Oma kann doch mitkommen", sagt Lydia. Sie hat den Helm schon auf, die Turnschuhe an, auch die bequeme Hose.

Hast du ein Fahrrad?
Kannst du schon damit fahren?

Das Fahrrad steht im Schuppen. Ein gelbes. Lydia hat es von Oma zum Geburtstag geschenkt bekommen. Sie ist jetzt schon zwei Wochen mit Stützrädern gefahren. Das reicht!
Sie will endlich richtig Fahrrad fahren können. Lydia hat sich fest vorgenommen, es heute zu lernen. Marlene von nebenan ist erst vier Jahre alt und kann schon Kurven fahren. Und Lydia ist schon fünf!
„Am besten, wir üben auf dem Parkplatz vom Möbelhaus", sagt Mama. „Da ist sonntagnachmittags viel Platz."
Gemeinsam mit Oma laden sie das Fahrrad ins Auto und fahren los.

Mama hat den ganzen Parkplatz zum Parken und kann sich nicht entscheiden. Endlich stellt sie sich an den rechten Rand. Sie schreibt Papa eine SMS. Vielleicht kommt er ja nach. Er ist mit einem Freund beim Sport.

Kaum steht das Fahrrad auf der Erde, sitzt Lydia schon auf dem Sattel. Mit den Zehenspitzen stützt sie sich am Boden ab. Mama fasst sie an einem Arm, Oma an dem anderen. „Und jetzt treten!", sagt Mama und läuft mit Oma los. So ist es viel wackliger als mit den Stützrädern.

„Nicht so schlenkern!", ruft Mama. Aber jetzt muss Lydia erst recht schlenkern. Mama zerrt an ihrem rechten Arm und Oma drückt am linken. Fast wäre Oma jetzt über einen von ihren Schlenkern gestolpert. Wie soll man so auch ruhig geradeaus fahren?

Die nächste Strecke soll nur Mama neben ihr herlaufen.
Oma ist das recht, dann kann sie in der Zeit verschnaufen.
„Halt mich doch woanders fest als am Arm", sagt Lydia,
weil Mama wieder so zieht. Mama fasst sie an der Schulter.
Das klappt auch nicht. Lydia fängt heftig an zu wackeln
und kippt immer wieder zur Seite. Das Fahrrad will einfach
nicht geradeaus fahren. Lydia reißt am Lenker. Bumms.
Da liegt sie schon.
Mama beugt sich erschrocken über sie. Mit zittrigen Knien
steht Lydia auf. Zum Glück hat sie den Helm auf und die
lange Hose an. Aber die Hand ist ein bisschen aufgeschürft.
Lydia hat sich ganz schön erschrocken. Aber sie beißt die
Zähne zusammen und steigt wieder auf.

14

Findest du es mutig von Lydia, dass sie gleich wieder aufsteigt? Würdest du dich das auch trauen?

Mama ist völlig außer Atem. Oma löst sie ab. Sie legt ihre Hand etwas höher, zwischen Nacken und Schulter. Das fühlt sich gut an, gar nicht nach Festhalten. Lydia fährt und fährt und Oma rennt und rennt. Plötzlich spürt sie Omas Hand nicht mehr.

Lydia will gerade rufen: „Ich kanns!", da greift ihr Oma mit einem Zangengriff fest in den Nacken. Lydia zuckt zusammen, zieht die Schultern hoch und klemmt Omas Hand ein. Oma drückt noch fester zu. Lydia schreit auf und lässt den Lenker los. Sie kommt sich vor wie ein Kaninchen, das man im Nacken packt. Fast wäre sie wieder hingefallen.

Mama läuft dann noch ein paarmal neben ihr her, dann wieder Oma, dann wieder Mama. Sie müssen versprechen, sie nur locker an der Schulter zu halten.

Jetzt geht es schon besser. Lydia braucht nur noch ein paar Bahnen. Sie spürt es ganz genau, aber Mama und Oma können nicht mehr.

Zum Glück kommt Papa angeradelt. „Na, Schatzi,
kannst du's schon?", fragt er.

„Fast", sagt Lydia.

„Aber nicht allein!", ruft Mama.

Papa rennt nun hinter ihr her und hält sie am Gepäckträger fest. Das fühlt sich komisch an! Sie schlenkert wieder
sehr stark.

„Immer fahren, fahren!", ruft Papa hinter ihr.

Sie fährt und fährt und fährt. So schnell sie kann. Und dann
ist Papa auch schlapp. Nicht nur vom Laufen, auch vom
Bücken. Papa ist ein großer Mann und der Gepäckträger
sehr niedrig. Außerdem hat er ja schon seinen Sport gehabt.
Mama sagt: „Wir üben morgen weiter." Papa sagt: „Ich brauch
was zu trinken." Oma sagt: „Ich muss mich hinsetzen."
Lydia sagt gar nichts. Lydia ist sauer. Sie will jetzt Fahrrad
fahren lernen. Jetzt. Nicht morgen. Wütend tritt sie in die
Pedale.

Sie fährt und fährt, immer geradeaus.

„Ich kann es!", ruft Lydia in die Luft. „Ich kann es!"

Als der Parkplatz zu Ende ist, fährt sie links herum. Es geht plötzlich alles wie von selbst, sogar die gefährliche Kurve! Und dann sieht sie ihre Eltern und Oma winken. Sie fährt auf sie zu, bremst, steigt ab.

Ihre Eltern freuen sich. Oma ruft: „Jupiiih!"

„Es ist total leicht!", sagt Lydia und fährt wieder. Es fährt sich von ganz allein … und wie schön der Fahrtwind durch die Haare streift! Sie kann gar nicht mehr aufhören. Nachher wird sie gleich zu Marlene rübergehen und sie fragen, ob sie eine Fahrradtour über den huckeligen Feldweg machen wollen. Na, die wird staunen!

Nach einer Weile fangen Mama, Papa und Oma an zu nörgeln. Sie wollen gern was Kaltes trinken. Und sich irgendwo gemütlich hinsetzen. Sie haben alle noch rote, verschwitzte Köpfe.

„Lydia, mach jetzt mal eine Pause!", ruft Papa.

Lydia hört nicht.

„Eine Eispause!", ruft Oma.

Lydia hört immer noch nicht. Lydia fährt Fahrrad.

Was meinst du: Wie fühlt Lydia sich jetzt?
Kannst du dich daran erinnern, dass du – wie Lydia – etwas unbedingt lernen wolltest und das dann auch geschafft hast?
Wie hast du Fahrrad fahren gelernt? Wer hat dir dabei geholfen?

# Keine Angst, kleines Gespenst!

Dong, dong, dong, dong, dong, dong, dong, dong. Achtmal schlägt die Turmuhr. Es ist noch lange hin bis Mitternacht, aber Wuschdihuhh, das kleine Nachtgespenst, blinzelt schon. Es wacht meistens so früh auf. Vor Aufregung! Denn um zwölf Uhr muss es aus seiner Truhe steigen und durchs Schloss spuken – und das findet es gruselig! Wuschdihuhh hat Angst vor Menschen. Sie sind so laut. Ihre Schritte dröhnen. Und ihr Atem ist so eklig warm! Wuschdihuhh gähnt, dreht sich um und versucht, noch einmal einzuschlafen. Es ärgert sich: Andere Gespenster dürfen durch verfallene Gemäuer schweben, die nie ein Mensch betritt. Aber ausgerechnet Wuschidhuhhs Schloss ist ein bekanntes Ausflugsziel mit Großparkplatz und Bushaltestelle. Hunderte Menschen kommen und besichtigen es. Tag für Tag.

18

Gut, nachts fahren sie wieder weg. Aber das tröstet Wuschdihuhh kaum. Schließlich gibt es noch den dicken Nachtwächter mit der grellen Taschenlampe, der stündlich seine Runden dreht. Vor diesem Nachtwächter gruselt es Wuschdihuhh am allermeisten.

Wo wohnt das kleine Nachtgespenst?
Wovor fürchtet Wuschdihuhh sich am meisten?

Jetzt hört Wuschdihuhh Schritte. Ist er das? Sofort kauert es sich in seiner Truhe zusammen. Aber … Wuschdihuhh stutzt. Die Schritte klingen heute anders. Nicht so laut. Und sie marschieren auch nicht zielstrebig durch den Raum. Nein, sie rennen nervös hierhin und dahin. Wieso? Wuschdihuhh lauscht. Da hört es noch ein anderes Geräusch. Ein Schluchzen. Das ist bestimmt nicht der Nachtwächter! Aber wer dann? In diesem Moment sausen die Schritte auf die Truhe zu. Wuschdihuhh drückt sich in die Ecke. Jetzt öffnet sich der Deckel.

Und jetzt … jetzt schieben sich zwei Menschenfüße herein.
Den Füßen folgen Beine und ein Bauch – und schließlich
ist ein ganzer Junge in seine Truhe gestiegen!

 „Hilfe!", denkt Wuschdihuhh und macht sich ganz klein.
Der Junge bemerkt ihn nicht. Er kauert sich in die andere
Ecke und zieht den Deckel zu. Es ist dunkel. Keiner rührt
sich. Ab und zu zieht der Junge
die Nase hoch. Außerdem
klappert er mit den Zähnen!
Fürchtet er sich?
Wuschdihuhh wird neu-
gierig. Aber warum?

**Warum versteckt sich der kleine Junge in der Truhe?**

Er kriecht näher hin. Der Junge schlottert am ganzen Leib!
Jetzt hält Wuschdihuhh es nicht mehr aus: „Hast du Angst?"
Zack! Der Junge springt in die Höhe, drückt den Deckel
 auf, hüpft aus der Truhe und schreit: „Hiiiiiiilfeeeee!!!!!!!!!"
Das Nachtgespenst schaut ihm verdutzt hinterher.
Der Junge dreht sich um, sein Gesicht ist fast so weiß wie
das von Wuschdihuhh. „B-b-bist d-d-du ein Ge…spenst?"
Hat der Junge etwa Angst vor ihm?

20

Wuschdihuhh kann es nicht glauben. „Ja, aber Gespenster
tun doch nichts. Menschen sind gruselig!"

„Was?" Der Junge kommt zögernd ein paar Schritte zurück.
„Du findest Menschen gruselig?"

„Natürlich! Und du hast mich erschreckt! Was machst du
hier?", fragt Wuschdihuhh.

„Plötzlich waren alle aus meiner Gruppe weg. Dabei
habe ich nur kurz im Nebenraum die große Kanone an-
geschaut. Und dann ist auch noch das Licht ausgegangen
und dann …" Der Junge schluchzt. „Dann haben mir all
die gruseligen Rüstungen solche Angst eingejagt, dass ich
in die Truhe gekrochen bin!"

Wuschdihuhh muss ein bisschen kichern.

„Ich zeige dir, dass sie ganz ungefährlich

sind!" Das Gespenst schwebt aus der

Truhe heraus, direkt auf eine Rüstung zu und

und kitzelt sie unter dem Kinn. Nichts passiert.

Wuschdihuhh und der Junge lachen.

Doch da hört Wuschdihuhh wieder Schritte. Feste,

zackige, dröhnende.

„Achtung, der Nachtwächter!", ruft es und springt in die

Truhe zurück.

Jetzt kichert der Junge: „Und ich zeige dir,

dass Nachtwächter ungefährlich sind!"

Er wartet neben der Tür, und als der

Nachtwächter um die Ecke biegt,

zwickt er ihn von hinten in den Po.

„Hilfe!!! Gespenster!",

ruft der dicke Mann.

Die Taschenlampe fällt

ihm aus der Hand und

er rennt davon.

Wuschdihuhh und der Junge lachen –
bis sie hören, wie der dicke Nachtwächter
im Nachbarraum ängstlich wimmert,
weil er im Dunkeln den Weg nicht findet.
„Ich glaube, es ist besser, wenn ich
jetzt den Nachtwächter tröste!", sagt der
Junge und hebt die Taschenlampe auf.
„Bestimmt hilft er mir dann, wieder nach
Hause zu kommen." Er verabschiedet sich und rennt dem
Nachtwächter hinterher. Wuschdihuhh winkt.
Dann kriecht das kleine Gespenst in seine Truhe und denkt:
„Menschen sind eigentlich doch ganz nett."
Dong, dong, dong, dong, dong, dong, dong, dong, dong.
Noch drei Stunden bis Mitternacht. Und weil Wuschdihuhh
sich jetzt vor keinem Menschen mehr fürchtet, kuschelt

er sich behaglich in die Ecke
und schläft noch einmal ein.

Warum hat das kleine Nachtgespenst jetzt keine Angst mehr
vor den Menschen? Denkst du, dass der Junge sich noch vor
Gespenstern fürchtet? Und du? Hast du Angst vor Gespenstern?

# Käpten Kralles Insel

In einer kleinen Hütte am Meer wohnte der Geiger Farinello. Die Hütte war schon alt, das Dach hatte Löcher und durch die Fenster pfiff der Wind. Aber Farinello hatte kein Geld, um sein Haus zu reparieren. „Macht nichts", dachte er, „es kommen auch wieder bessere Zeiten. Mir fällt schon was ein."

Morgens stand er auf und ging mit seiner Geige in die Stadt. Dort spielte er auf dem Kirchplatz den ganzen Tag schöne Musik. Dafür gaben die Leute ihm genug Geld, dass es fürs Essen reichte.

Einmal wurde es im Winter sehr, sehr kalt. Es schneite und schneite, und als Farinello auf dem Kirchplatz spielte, zitterten seine Hände vor Kälte so sehr, dass die Musik ganz wackelig klang. Fast alle Leute liefen vorbei, weil sie schnell nach Hause wollten. Niemand warf etwas in Farinellos Hut.

„M-m-m-macht n-n-n-nichts", bibberte Farinello.
„Es k-k-kommen auch wieder b-b-bessere Zeiten.
M-m-m-mir f-f-fällt schon was ein."

Ein Kind warf ein Bonbon in Farinellos Hut. Ein dickes Karamellbonbon! Farinello wollte gerade danach greifen, da hörte er ein Kreischen. Auf seinem Hut landete ein großer, bunter Papagei, der nach dem Bonbon schnappte.

„He, das ist meins!", rief Farinello. Blitzschnell packte er den Papagei und hielt ihn fest. Der Vogel sah sehr müde und hungrig aus und zitterte am ganzen Körper. Farinello schenkte ihm das Bonbon, wickelte den Vogel in seinen Schal und nahm ihn mit nach Hause.

Was denkst du: Warum nimmt Farinello den Papagei mit zu sich nach Hause?

Drei Tage lang flößte Farinello dem Papagei heißen
Tee ein und fütterte ihn mit seinen letzten Keksen.
Am vierten Tag war die Dose leer.
„Und mein Keks?", kreischte der Papagei, als er
den Tee ausgetrunken hatte. 
Farinello lachte. „Du kannst ja sprechen!" 
„Na und? Du doch auch", schnarrte der
Papagei. „Wo ist mein Keks?"
„Die Kekse sind alle."
„Dann kauf doch neue!"
„Ich hab kein Geld. Aber es kommen auch wieder
bessere Zeiten. Uns fällt schon was ein", sagte Farinello.

Was könnten Farinello und der Papagei tun, um Geld
zu verdienen?

„Ich bin reich!", krähte der Papagei. „Ich bin früher mit einem Seeräuber um die ganze Welt gesegelt und weiß genau, wo er seinen Schatz versteckt hat!"

„Ach ja? Und wo?"

„Auf der Insel. Na los, wir graben ihn aus! Und dann kaufst du mir Kekse."

Farinello zog dem Papagei einen löchrigen Handschuh als Pullover an. Und dazu die rote Bommelmütze von seinem Schokoladenweihnachtsmann. Er selbst zog drei dünne Mäntel übereinander, und dann spazierten sie ans Meer, wo Farinellos kleines Ruderboot lag.

„Ich bin Käpten Kralle und du bist alle anderen!", kreischte der Papagei. „Na los, alle Mann vom Fleck, fetzt die Segel!"

Farinello lachte. „Bist du sicher, dass du schon mal gesegelt bist? Das hier ist ein Ruderboot!"

„Ruhe!", befahl Käpten Kralle.
„Alles hört auf mein Kommando!
Fertig machen zum Kentern!
Na los! Voller Saft hinaus!"
Farinello ruderte, so schnell er
konnte, und nach einiger Zeit erreich-
ten sie eine kleine Insel.
„Und wohin jetzt?"
„Zur ersten Palme rechts, na los!",
rief Käpten Kralle.
„Hier gibt es keine Palmen. Bist du sicher, dass es
die richtige Insel ist, Käpten?"
Kralle schwieg eine ganze Weile. Dann fragte er leise:
„Wieso die richtige Insel? Gibts denn mehrere?"
Farinello brach in schallendes Gelächter aus. „Du warst gar
kein Seeräuber, stimmts?"
Da gestand Käpten Kralle ihm, dass er in Wirklichkeit aus
dem Zoo ausgebüchst war. Und die Geschichte vom Schatz
hatte er nur gehört. Vom Pelikan. Und der hatte die Geschichte vom Reiher. Und der hatte sie von der Wildgans.
Als sie wieder nach Hause ruderten, sagte Käpten Kralle
kein Wort mehr, weil er sich so schämte.

„Sei nicht traurig", sagte Farinello. „Du musst nicht in den Zoo zurück. Und deine Kekse kauf ich dir schon noch. Keine Angst, uns fällt schon was ein!"

Darüber freute Käpten Kralle sich so, dass er ein selbst ausgedachtes Seeräuberlied sang: „Dreizehn Mann und ein Papagei! Ho, ho, ho, ich verbuddel den Rum!"

„Schön singst du!", lobte Farinello.

Und das stimmte. Käpten Kralle konnte wirklich schön singen. So schön, dass sie am nächsten Tag zu-sammen auf dem Kirchplatz Musik machten. Farinello fidelte und Käpten Kralle sang. Die Leute blieben trotz Kälte stehen und gaben ihnen genug Geld, um Kekse zu kaufen und das Loch im Dach zu reparieren. Und als der Frühling endlich kam, waren die beiden reich — jedenfalls fühlten sie sich so.

Der Papagei erzählt Farinello, dass er früher mit den Seeräubern gesegelt ist — stimmt das? Leider finden die beiden keinen Schatz, aber der Papagei kann etwas besonders gut. Weißt du noch, was?

# Ritter Cosimo auf Drachenjagd

Am schönsten waren die Abende auf der Ritterburg. Dann saßen Ritter Cosimo und seine Freunde an der Feuerstelle und grillten Ochsenbraten. Oft redeten sie über den sagenhaften Schatz, den ein gefährlicher Drache in seiner Höhle bewachte und den noch kein Ritter gehoben hatte. Und noch öfter redeten sie über ihre Heldentaten.

Heute hatte Wenzel eine ganz besondere Idee. „Lasst uns einen Wettstreit veranstalten: Jeder erzählt seine mutigste Tat und hinterher entscheiden wir, wer der mutigste Ritter von uns ist.“

„Jaaa!", brüllten alle. Cosimo brüllte nicht so laut.

Er war der Jüngste und nicht gerade mutig.

„Ich habe vorgestern drei Hasen und ein Wildschwein geschossen“, sagte Albrecht.

„Und ich habe gegen drei Ritter gekämpft – und gewonnen!", verkündete Burkhard.

Lorenz erzählte vom Kampf mit einem Bären, Theoderich von einem Turniersieg.

Da schlug Wenzel Cosimo auf die Schulter. „Und was hast du Mutiges getan?"

Alle starrten Cosimo an. Wenn er jetzt erzählte, dass er einmal ein Burgfräulein über einen Wassergraben getragen  hatte, lachten sie ihn bestimmt aus. „Ich ... äh ...", stammelte er, während er fieberhaft überlegte. „Ich werde morgen losziehen und den Schatz des Drachen holen!"

Erst wurde es still. Dann raunten die Ritter ehrfürchtig: „Aaah!" und „Ooooh!".

Cosimo sagt, dass er den Schatz holen will. Warum wohl? Will er das wirklich?

Wenzel räusperte sich. „Wenn du das schaffst, hast du den Wettstreit gewonnen."

Alle prosteten Cosimo zu und wünschten ihm viel Glück. Der beugte sich tief über seinen Becher. Was hatte er sich da bloß eingebrockt! Vor lauter Angst konnte Cosimo die ganze Nacht nicht schlafen. Bevor die Sonne aufging, stand er auf, sattelte sein Pferd und legte seine Rüstung an. Er zog alles an, was er finden konnte: kleines und großes Kettenhemd, zwei

Paar Handschuhe, extra dicke Beinschienen, Unterschuhe und Überschuhe und den Helm mit Visier. Danach schnallte er sich noch zwei Schwerter um. Am Schluss war die Rüstung so schwer, dass er ewig brauchte, bis er in den Sattel kam. Sein Pferd ächzte, aber es trabte trotzdem brav los. Cosimo ritt am Fluss entlang nach Norden. Dort in den blauen Bergen wohnte der Drache.

Die Sonne ging auf und es wurde immer wärmer. Cosimo schwitzte fürchterlich unter seiner schweren Rüstung. Irgendwann hielt er es nicht mehr aus und ließ den Helm ins Gras fallen. Leider schwitzte er immer noch. Da strampelte er die Überschuhe weg. Kurz darauf zog er beide Handschuhe aus, danach die Beinschienen, Unterschuhe und das große Kettenhemd. Am Ende warf er auch das zweite Schwert weg. Jetzt ging es ihm endlich besser.

Warum hat Cosimo die Rüstung angelegt?
Denkst du, es war klug, alles wieder auszuziehen?

Bald sah er die blauen Berge vor sich. Obwohl es immer noch heiß war, fror er plötzlich. Er starrte auf seine nackten Arme und Beine und schluckte. Er hätte die Rüstung niemals ablegen dürfen! Jetzt brauchte der Drache nur einmal

kurz Feuer zu spucken und schon wäre Cosimo erledigt. Am liebsten wäre er sofort wieder umgekehrt. Er wendete bereits sein Pferd, da hörte er, wie vor einem Felsen schwere Steine rumpelten. Dann tauchte ein grüner Drache auf. Er war viel größer als Cosimo, hatte einen stacheligen Schwanz und scharfe Krallen an den Pfoten.

 „T…tu mir nichts!", stammelte Cosimo. „Ich wollte dich nicht stören. Bin schon weg."

 „Du störst nicht", sagte der Drache. „Komm, ich hab Zitronenlimonade in meiner Höhle!"

Beinahe wäre Cosimo auf den Trick reingefallen. „Du willst mich doch nur in deine Höhle locken und dann fertigmachen!", sagte er.

„Nein, nein, ich spucke nur Feuer, wenn ich niesen muss oder schlechte Laune habe. Ich heiße übrigens Griffin, und wer bist du?"

Der Drache streckte Cosimo seine rechte Vorderpfote hin.

„Ich … äh … ich bin Cosimo." Die Pfote nahm er lieber nicht, wegen der scharfen Krallen.

 33

Griffin lachte. „Freut mich! Jetzt, wo wir uns kennen, kannst du auch in meine Höhle kommen, oder?"

 „Na, gut", sagte Cosimo, obwohl er dem Drachen immer noch nicht traute. Aber er wollte erst recht nicht, dass Griffin schlechte Laune bekam.

 Warum ist Cosimo so überrascht, dass der Drache nett zu ihm ist? Denkst du, Cosimo sollte mit in die Höhle gehen?

In der Höhle brannte ein gemütliches Feuer. Daneben stand eine große Truhe randvoll mit Marzipan. Der sagenhafte Schatz! Während Griffin die Zitronenlimonade einschenkte, schielte Cosimo immer wieder hinüber zur Truhe.
Da sagte Griffin plötzlich: „Dein Kettenhemd funkelt so schön. Ist das echtes Silber?"
„Ich glaub schon." Plötzlich hatte Cosimo eine Idee.
„Ich schenk es dir, wenn du mir dafür den Schatz gibst!"
Griffin strahlte und rief doch glatt: „Abgemacht!"
Sofort schlüpfte Cosimo aus seinem Hemd. „Aber nicht, dass du dich hinterher beschwerst. Das Teil kratzt nämlich schrecklich."
Griffin störte das Kratzen überhaupt nicht. Stolz legte er sich das Hemd als Fußkettchen um.

Cosimo verkniff sich ein Grinsen. Dann trank er mit Griffin Zitronenlimonade. Sie grillten gemeinsam Kartoffeln über dem Feuer und quatschten. Bis auf seine scharfen Krallen fand Cosimo den Drachen auf einmal richtig nett.

Als die Sonne unterging, sprang Cosimo auf. „Ich muss los. Meine Freunde warten auf mich."

„Kann ich mitkommen?", fragte Griffin. „Ich helfe dir auch mit der Schatztruhe."

Da sagte Cosimo nicht Nein. Für Griffin war die Truhe so leicht wie eine Feder. Fröhlich pfeifend stapfte er damit los. Er machte so große Schritte, dass er genauso schnell war wie Cosimos galoppierendes Pferd. Kurz vor Mitternacht erreichten sie die Ritterburg. Die Ritter standen auf der Zugbrücke und warteten auf Cosimos Rückkehr. Doch dann entdeckten sie den Drachen und liefen schreiend davon.

„Halt, wartet!", rief Cosimo. „Ich hab den Schatz dabei!"

Den wollten sich die Ritter dann doch nicht entgehen lassen. Mit gezückten Schwertern kehrten sie um und gingen langsam auf Cosimo und den Drachen zu.

„K…keine Angst, Cosimo!", sagte Wenzel, klapperte dabei aber selber mit den Zähnen. „Wir helfen dir, den Drachen ins Verlies zu sperren. Danach können wir in Ruhe feiern."

Cosimo lachte. „Nein! Ihr dürft ihm nichts tun. Griffin ist mein Freund."

Griffin rasselte mit seinem Fußkettchen.

 „Das stimmt. Und Cosimo ist der mutigste Ritter, den ich kenne. Macht lieber, was er sagt, sonst kriege ich schlechte Laune und spucke Feuer."

Die Ritter bekamen kugelrunde Augen, so groß wie Dukaten, und murmelten: „Ooooh!"

„Ich gebe eine Runde Marzipan aus", verkündete Cosimo. „Aber Griffin muss mitfeiern."

Sind die anderen Ritter wirklich mutig? Warum wollen sie den Drachen ins Verlies sperren? Warum will Cosimo das nicht? Warst du auch schon mal mutig und hast etwas geschafft, das du dir nicht zugetraut hast?

Ritter Cosimo

# Findest du den Heimweg, Kwex?

Die Eichhörnchen-Schule ist aus. Lehrerin Frau Knaxig hüpft vom höchsten Ast der Schuleiche zu ihren Schülern hinab und wünscht allen einen guten Nachhauseweg. Normalerweise freut sich Kwex darüber.

Normalerweise! Denn da holt ihn ja auch Mama ab. Dann hüpfen sie gemeinsam in die Eiche nebenan, rennen den Stamm hinunter und flitzen über die Lichtung. Am anderen Ende klettern sie am großen Ahornbaum wieder hinauf und springen von Ast zu Ast und Baum zu Baum bis zu ihrem Nest in der alten Rotbuche.

Aber heute? Heute ist alles anders, denn Mama hat sich die Pfote verstaucht und kann nicht kommen.

Kwex muss allein nach Hause springen.

Das ist so weit! Und so schwierig! Und voller Gefahren! Wenn die alte Eule aufwacht?

Oder Kwex den Weg nicht findet?

Wenn er müde wird?

Durftest du schon mal allein zum Kindergarten gehen?
Warum kann die Mutter Kwex nicht abholen?

Kwex steckt seine Stifte hinter die wuscheligen Ohren und sieht seinen Freunden nach, die ihren Müttern entgegenhüpfen. „Tschüss, bis morgen!", ruft Xenia und winkt ihm zu. „Mach's gut", ruft auch sein Freund Maxi und läuft dann mit seiner Mutter den Stamm der Eiche hinunter. Schließlich geht sogar Frau Knaxig. „Bis morgen, Kwex", sagt sie und landet mit einem eleganten Sprung im Nachbarbaum. Jetzt sitzt Kwex ganz allein im Wipfel der Schuleiche. Er schaut hinüber in die dichte Krone nebenan. Er sieht den Ast, auf den er immer mühelos springt, wenn Mama dabei ist. Jetzt kommt es ihm ganz schön schwierig vor. Er guckt und guckt. Bis plötzlich Angelina Amselkind von gegenüber ruft: „Was ist denn los, Kwex? Komm, spring zu mir rüber! Das ist doch nicht weit!"

„Na ja", denkt Kwex, „ein bisschen weit ist es schon."
Aber vor Angelina will er das nicht zugeben. Also los!
Kwex hüpft und landet tadellos. „Hm", denkt er, „jetzt ist
der Anfang gemacht, aber der Rest des Weges ist ja immer noch
fürchterlich lang. Den Baum hinunter, über die Lichtung, am anderen Ende wieder hinauf …"
Ängstlich schaut Kwex hinunter. Da sitzt wie immer Schnarka,
die alte Schnecke, und langweilt sich.
Als sie Kwex oben im Baum entdeckt, ruft sie: „Was
ist, Kwex, kommst du heute nicht bei mir vorbei?
Mir ist so langweilig! Komm doch und
erzähl mir ein bisschen aus der Schule!"
Kwex denkt: „Bis zu Schnarka ist
es wirklich nicht weit und auch
gar nicht gefährlich."
Erst vorsichtig und dann immer
schneller klettert er hinunter.

Kwex trifft die Schnecke und die kleine Amsel im Wald.
Kennst du noch andere Waldtiere?

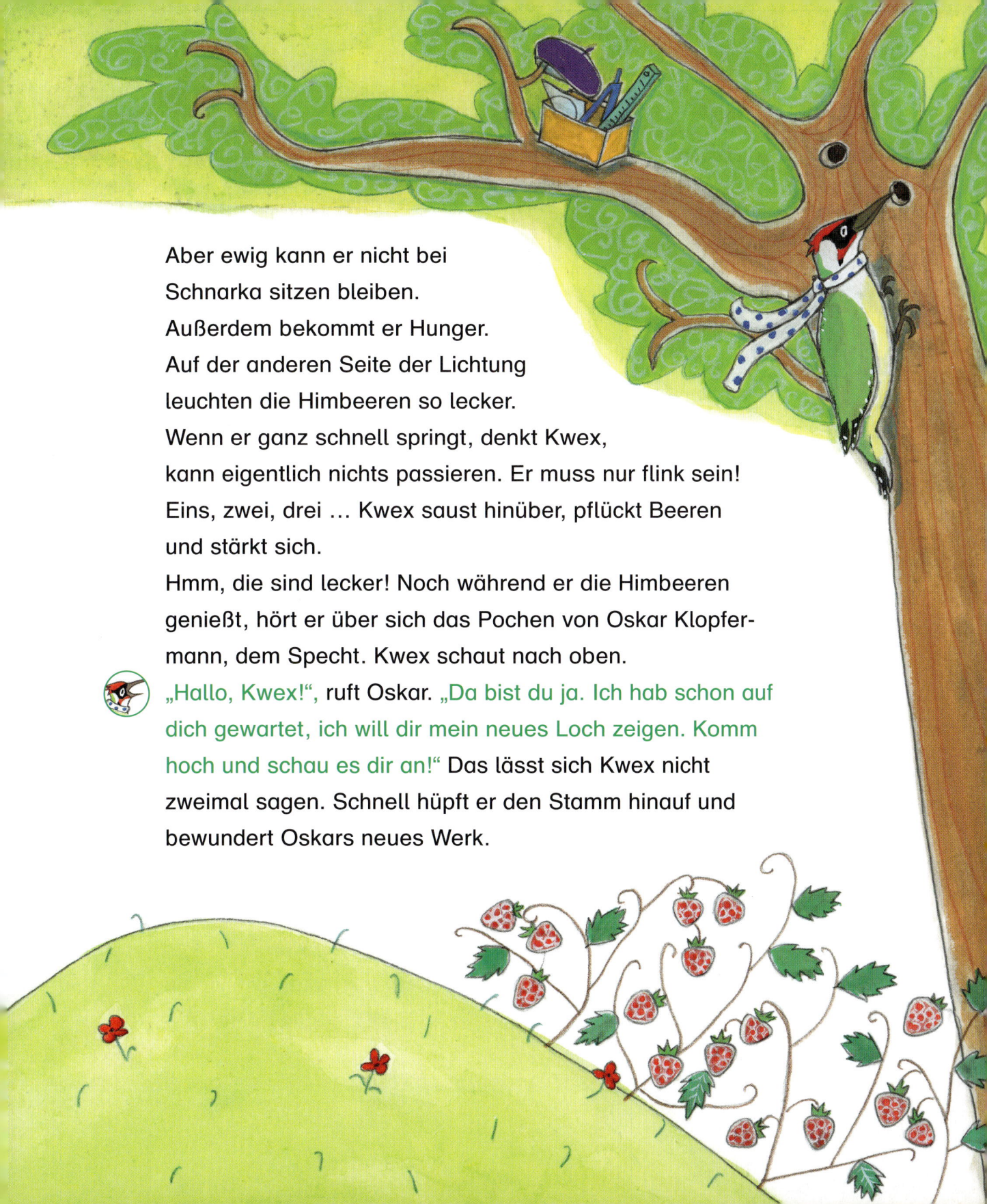

Aber ewig kann er nicht bei
Schnarka sitzen bleiben.
Außerdem bekommt er Hunger.
Auf der anderen Seite der Lichtung
leuchten die Himbeeren so lecker.
Wenn er ganz schnell springt, denkt Kwex,
kann eigentlich nichts passieren. Er muss nur flink sein!
Eins, zwei, drei … Kwex saust hinüber, pflückt Beeren
und stärkt sich.
Hmm, die sind lecker! Noch während er die Himbeeren
genießt, hört er über sich das Pochen von Oskar Klopfer-
mann, dem Specht. Kwex schaut nach oben.
„Hallo, Kwex!", ruft Oskar. „Da bist du ja. Ich hab schon auf
dich gewartet, ich will dir mein neues Loch zeigen. Komm
hoch und schau es dir an!" Das lässt sich Kwex nicht
zweimal sagen. Schnell hüpft er den Stamm hinauf und
bewundert Oskars neues Werk.

Auch die Spinne Sofia Fieselfaden kommt angekrabbelt und bestaunt es. Dann begrüßt sie Kwex: „Na, kleiner Eichhörnchenjunge, heute ganz allein auf dem Heimweg? Hab schon gehört, dass deine Mama sich die Pfote verstaucht hat. Wenn du willst, begleite ich dich ein Stück bis zu meinem Netz!"

Eigentlich mag Kwex die Spinne mit ihren vielen langen Beinen nicht so gern. Aber immerhin muss er dann nicht allein gehen. Er hüpft mit Sofia zum Nachbarbaum, wo ihr Netz in einer Astgabel hängt. Dann verabschiedet er sich schnell und rennt weiter den Ast entlang.

Es macht Spaß, so schnell zu hüpfen und mit Karacho zu landen, sodass der ganze Ast schwankt! Mama schimpft dann immer. Aber heute kann er es ja krachen lassen!

Jetzt sind es nur noch fünf Sätze bis nach Hause! „Ich habe es fast geschafft!", freut sich Kwex und nimmt Anlauf für den nächsten Sprung.

Fast stößt er mit seiner Mama zusammen! Sie schwankt ein bisschen auf dem Ast, weil sie mit ihrer verbundenen Pfote nicht so gut zugreifen kann, aber sie lächelt: „Ich habe gedacht, ich komme dir ein kleines Stückchen entgegen, der Weg ist ja so weit."

„Hättest du gar nicht gebraucht", gibt Kwex fröhlich zurück.

„War gar nicht schwer!"

Nachdem die Schule zu Ende ist, muss Kwex allein nach Hause gehen.
Freut er sich darauf oder hat er Angst davor?
Wie fühlt sich Kwex, als er den weiten Weg geschafft hat?

# Nile will Tänzerin werden

Mitten in Afrika lebte eine Herde Flusspferde in einem See, und das kleinste von ihnen hieß Nile. Tagsüber, wenn die Sonne heiß vom Himmel brannte, planschten die Flusspferde im herrlich kühlen Wasser. Abends schwammen sie ans Ufer. Dann spielten Nile und die anderen Flusspferdkinder im hohen Gras Fangen oder Verstecken.

Einmal entdeckte Nile beim Verstecken hinter einem alten Baum etwas Seltsames im Sand. Es war ein Foto. Darauf war eine schöne Frau zu sehen, die ein weißes Kleid trug. Sie sah aus, als würde sie schweben. Merkwürdig.

Nile vergaß das Versteckspiel und ging zum schlauen Flamingo, der die ganze Welt kannte.

„Das ist eine Tänzerin", erklärte der schlaue Flamingo und hob das linke Bein über seinen Kopf, genau wie die Frau auf dem Bild. Nile machte große Augen.

„Kannst du mir das beibringen?", fragte sie begeistert.

„Klar", sagte der Flamingo, denn
Flamingos stehen die meiste
Zeit sowieso nur auf einem Bein.
Also ging Nile nun jeden Tag
zum Flamingo, um tanzen zu üben.
Die anderen Flusspferdkinder lachten Nile aus: „Tanzen?
Tanz doch unter Wasser, das ist nicht so anstrengend!"
„Aber ich will eine richtige Tänzerin werden", sagte Nile und
übte weiter.

Kannst du auf einem Bein stehen?
Findest du das schwierig?

Klick, klick, klick machte es eines Tages, und hinter einem
Busch trat ein Mann mit einem Fotoapparat hervor.
„Oh, là, là", sagte der Fotograf. „Du tanzt wunderbar. Ganz
wun-der-bar!"

Nile war so erschrocken, dass sie ins Wasser flüchtete.
„Komm morgen früh wieder her!", rief der Mann ihr nach.
In dieser Nacht konnte Nile vor Aufregung nicht schlafen.
Früh am Morgen schlich sie sich heimlich davon. Und
tatsächlich: An dem Busch wartete der Fotograf auf sie!
Er hieß Brüno und hatte schon viele Tänzerinnen foto-
grafiert. „Du bist die beste", sagte er. „Kommt doch mit mir
nach Paris und tanz dort!"

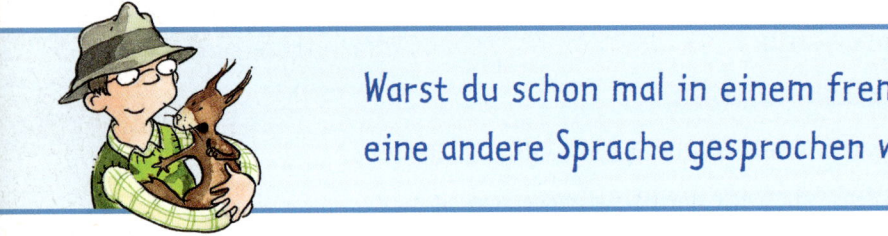

Warst du schon mal in einem fremden Land, in dem
eine andere Sprache gesprochen wird?

Von der großen Stadt Paris hatte der schlaue Flamingo
ihr schon viel erzählt. Nile begann vor Freude zu tanzen!
Brüno schoss ein paar Fotos von ihr, und dann stiegen
sie in sein Flugzeug und flogen los.

In Paris gab es keine Löwen, keine Giraffen oder Flusspferde. Aber es gab ein großes Theater! Dort fuhr Brüno
mit Nile hin, und sie tanzte zum ersten Mal mit Musik!
Sie stand auf einem Bein, drehte sich um sich selbst und
schwebte dahin, federleicht wie unter Wasser!
„Oh, là, là!", rief der Theaterdirektor. „Sie ist fan-tas-tisch!"
Und dann durfte Nile gleich am ersten Abend ganz allein
auf der großen Bühne tanzen. Alle Scheinwerfer waren
auf sie gerichtet, und das große Orchester spielte die
wunderschönste Musik. So schön, dass Nile noch besser
tanzte als je zuvor.
Die Leute sprangen von ihren Sitzen auf, klatschten und
warfen Blumensträuße. Nile verbeugte sich und fraß
zwei große Blumensträuße auf. Da klatschten die
Leute noch lauter und warfen Kekse, Croissants und
Schokolade.

Nile bekam ein schönes Hotelzimmer mit einer Badewanne voll braungrünem Schlammwasser. Und wenn sie nach dem Tanzen badete, brachte ein Hoteldiener ihr leckere Äpfel auf einem Silbertablett.

Der Theaterdirektor war glücklich, weil die Leute jeden Abend kamen, um Nile tanzen zu sehen. Und Brüno war glücklich, weil alle Zeitungen seine Nilpferd-Fotos wollten. Nur eine war unglücklich: die berühmte russische Tänzerin Irina Hoppskaja. Keiner wollte sie mehr tanzen sehen. Niemand schenkte ihr Blumen. In der ganzen Stadt sprach man nur noch von Nile! Irina war so wütend, dass sie sich heimlich ins Theater schlich und ein großes Loch in den Bühnenboden sägte!

Am nächsten Abend trat Nile beim Tanzen in das Loch und blieb stecken. Schließlich mussten zwei Männer kommen und ihr flüssige Seife aufs Bein gießen, bis es – plopp! – aus dem Loch herausflutschte. Das Publikum brüllte vor Lachen.

Nach der Vorstellung lag Nile traurig in ihrer Badewanne im Hotelzimmer. Die Wanne war klein und eng, und Nile musste an den schönen blauen See in Afrika denken, an ihre Eltern und an die anderen Flusspferdkinder, mit denen sie immer gespielt hatte.

Brüno brachte ihr Äpfel und streichelte ihre Ohren, aber es half nichts. Nile weinte dicke Tränen – plitsch, platsch fielen die Tropfen in das grüne Schlammbadewasser. Und als der Theaterdirektor kam und ihr Blumen brachte, warf Nile die Blumen aus dem Fenster! Brüno beruhigte sie. Und am nächsten Morgen stieg er mit ihr in sein Flugzeug und brachte sie nach Hause.

Nile war überglücklich. „Tanzen ist toll", dachte sie. „Aber ich liiieeebe Afrika!"

Und als sie ihren See sah, stürzte sie sich mit einem Freudenschrei hinein.

Da hoben alle Flusspferde die Köpfe aus dem Wasser und prusteten: „Nile ist wieder da, hurra!"

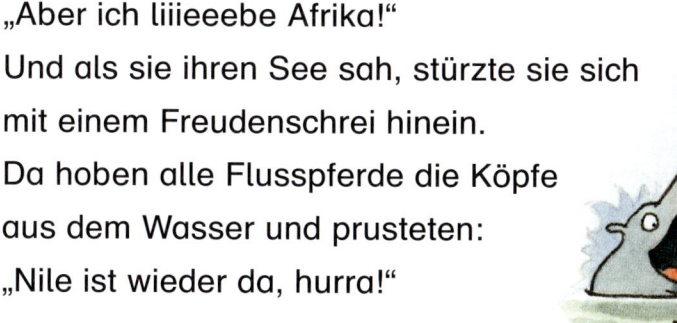

Nile ist ganz schön mutig: Würdest du dich auch trauen, irgendwohin zu gehen, wo du niemanden kennst? Was meinst du, warum die mutige Nile am Ende trotzdem wieder nach Hause zurück wollte?

# Plopp will Löwensprache lernen

Plopp hat die besten Nachbarn der Welt. Gleich gegenüber wohnt Herr Finder mit seiner Weltraumkatze. Herr Finder ist klein und dick und rund und hat einen ausfahrbaren Balkon erfunden, sehr praktisch. Man drückt auf einen Knopf, es macht KLICK! KLACK! BIEP! und Herrn Finders Balkon kommt näher und näher und näher und noch näher, bis er an Plopps Balkon stößt. Dann kann Plopp einfach einsteigen und hinüberfahren und muss nicht erst über den Hof laufen, wo der schreckliche wilde Hund lauert.

Heute frühstücken Plopp, Herr Finder und die Weltraumkatze zusammen. Die Weltraumkatze ist sehr alt und sehr klug und hat eine Antenne auf dem Kopf. Sie kommt vom Planeten Katz und spricht alle Sprachen, die es gibt.

„Du isst ja gar nichts", sagt Herr Finder.

 „PLOPP!", macht Plopp. Denn wenn er Angst hat, kaut er immer Kaugummi und macht dabei Blasen, die laut ploppen. Deswegen heißt er auch Plopp.

„Sprichst du wirklich alle Sprachen?"

 „Alle", nickt die Weltraumkatze.

„Auch die Hundesprache?"

Die Weltraumkatze lacht. „Die ist sogar am einfachsten!", sagt sie und beißt in ihr Fischbrötchen.

„Kannst du nicht mal mit dem Hund im Hof reden?"

Der Hund im Hof heißt Hasso und bellt und knurrt jedes Mal, wenn Plopp vorbeikommt. Schrecklich!

„Pöh, ich rede nicht mit Hunden", sagt die Weltraumkatze vornehm.

Plopp macht eine Riesenblase und Herr Finder steht vom Tisch auf und holt eine Dose Hering in Tomatensoße. Den isst die Weltraumkatze ganz besonders gern.

Wer wohnt bei dir nebenan? Haben deine Nachbarn Haustiere?

51

„Na gut, ich rede mal mit ihm", sagt sie.
Die Weltraumkatze setzt sich auf Plopps
Kopf und dann gehen sie zur Hundehütte.
Hasso kommt sofort heraus und knurrt und bellt und
sabbert. Zum Glück ist seine Kette nicht sehr lang.
 Plopp wird ganz blass und fängt an zu zittern. „Plopp."

 Hast du schon mal Angst vor einem Tier gehabt?
Was hast du gemacht?

„Jetzt wackel doch nicht so!", sagt die Weltraumkatze.
Und dann reißt sie ihr Maul auf. Erst hört man ein leises
Grummeln, dann ein lautes Grollen und dann ein donner-
lautes Brüllen. Die Häuser wackeln und die Hundehütte
wackelt und der ganze Hof wackelt. Hasso jault erschrocken
auf und verkriecht sich.

Plopp hat ein komisches Puddinggefühl in seinen Knien.

„Das war Hundesprache?", fragt er verdutzt.

„Nein, Löwensprache", sagt die Weltraumkatze.

„Wenn du willst, bring ich sie dir bei."

Am nächsten Tag zeigt Herr Finder Plopp
seinen Flugballon. „Den hab ich selbst
gebaut!", sagt er stolz. „Heute sehen wir
uns die Erde mal von oben an!"

„Pöh, das ist doch nix Besonderes", sagt die
Weltraumkatze.

Plopp stopft sich erst mal einen Kaugummi
in den Mund und fängt an zu ploppen.
Aber schließlich traut er sich doch und steigt
in den großen Korb.

Der Ballon schwebt nach oben, höher und höher.
Die Häuser werden immer kleiner.

„Da unten ist der See!", ruft Plopp.

„Fliegt dieses alberne Ding nicht schneller?", schimpft die
Weltraumkatze.

Herr Finder guckt durch sein Fernrohr. „Oje, da kommt
eine dunkle Wolke!"

Die Weltraumkatze guckt ohne Fernrohr, denn ihre Augen
sind so scharf wie Messer. „Das ist keine Wolke, das sind
Vögel", sagt sie.

Ganz vorne fliegt der größte Vogel.

Sein spitzer Schnabel kommt immer näher …

PFFFFFFFFFFFFFFFFFFFFFFT!

„Oh, ein Loch!", sagt Herr Finder.

„PLOPP!", macht Plopp. Der Ballon wird plötzlich

schneller, und die Weltraumkatze freut sich.

„Wenn ich nur was hätte, um das Loch zuzukleben", murmelt

Herr Finder. Der Ballon fliegt jetzt sehr schnell – aber nur

noch nach unten.

„Hier, nimm meinen Kaugummi!", ruft Plopp.

„Wunderbar", sagt Herr Finder und stopft schnell das Loch

zu. Aber der Ballon hat sehr viel Luft verloren. Nun ist er

ziemlich schlaff, und der Korb ist zu schwer.

„Wir müssen leichter werden", ruft Herr Finder und packt

Plopp fest am Arm. „Keine Angst."

Die Weltraumkatze beißt blitzschnell die Korbseile durch

und der Korb fällt nach unten.

„Hilfe!", ruft Plopp. Wie gerne hätte er jetzt einen Kaugummi.

Aber Herr Finder hält Plopp ganz fest, und mit dem anderen

Arm hält er den Ballon fest, und die Weltraumkatze hängt

mit ihren Krallen unten an Plopps Hose. Und so segeln die

drei hinab zur Erde, sanft wie ein Blatt im Wind.

Ist Plopp ein ängstlicher oder ein mutiger Junge?
Steigt Plopp wohl noch mal in einen Heißluftballon?
Würdest du dich das auch trauen?

# So macht Vorlesen Spaß!

Hier haben wir die besten Tipps für den größtmöglichen Vorlesespaß zusammengestellt:

■ Nicht hetzen lassen. Achten Sie beim Vorlesen auf eine ruhige, gemütliche Atmosphäre. Wer sich beim Zuhören an den Vorleser ankuscheln kann, dem fällt das Abtauchen in die Geschichte viel leichter. Wie viel Sie vorlesen, wie schnell, wie viele Pausen nötig sind, das sollte nach Möglichkeit immer Ihr Zuhörer bestimmen.

■ Geschichtenauswahl. Kindern macht Zuhören am meisten Spaß, wenn sie sich die Geschichte selbst aussuchen dürfen – zum Beispiel mit Hilfe des bebilderten Inhaltsverzeichnisses. Übrigens werden Sie im Laufe der Zeit beobachten, dass Ihr Kind in gewissen Situationen oder Stimmungen ganz bewusst bestimmte Geschichten auswählt, weil sie es ihm erleichtern, von Selbsterlebtem zu erzählen.

■ Schauspieler gesucht. Beim Vorlesen sind Ihre schauspielerischen und komödiantischen Fähigkeiten gefragt! Arbeiten Sie mit Gestik und Mimik, passen Sie Ihre Stimme den verschiedenen Figuren der Geschichte an und versuchen Sie, die Geschichte so zu lesen, dass deutlich wird, wer wann spricht!

■ Kinder mitreden lassen. Ein guter Vorleser kommt mit seinen Zuhörern nicht nur verbal, sondern auch emotional über den Text ins Gespräch. Eine gute Einstiegshilfe hierfür bieten die Angebote in den blauen Fragekästen.

Ihre Meinung ist uns wichtig! Wie gefällt Ihnen dieses Buch?
Wir freuen uns auf Ihre Rückmeldung unter www.duden.de/meinung

Preisänderungen vorbehalten